歌と名作で楽しむ
スケッチブックでシアターあそび

JN075052

CONTENTS

歌って楽しむ

名作で楽しむ

本書の特長

　本書は、A4またはB4サイズの市販のスケッチブックに型紙のイラストを貼ってシアターにし、「歌って楽しむ」「名作で楽しむ」という2つのテーマに特化して、さまざまな世界がくり広げられる内容になっています。

　それぞれの内容に合わせてスケッチブックのページをめくっていくことを基本に、ページの半分をめくることで、イラストの一部が変化して、思わぬおもしろい動きが出たり、ページの裏面を見せることで、アッと驚く展開になっていたりします。そして、すべての内容について、可愛らしいイラストの型紙をつけており、拡大コピーして簡単に使えるようになっています。

　スケッチブックならではのしかけや工夫をふんだんに盛り込み、子どもたちがそれぞれの世界に夢中になれるようなスケッチブックのシアターを、保育現場でぜひお役立てください。

誌面構成について

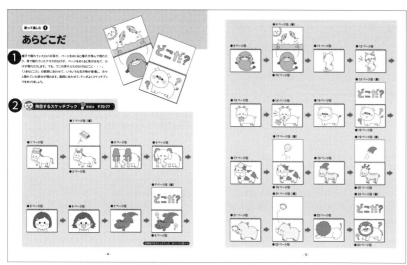

❶ 各シアターの特長や、演じる際のポイントを説明しています。

❷ 用意するスケッチブックのイラスト場面を順番に紹介しています。なお、各スケッチブックの型紙は、P.70以降にございます。

❸ スケッチブックのページの開きかたや場面図を順番にイラストでわかりやすく紹介しています。

❹ ▶で始まる文章は、スケッチブックの具体的な動かしかたなどを解説しています。

❺ 保育者の子どもに対する言葉がけやセリフの具体例を記載しています。

❻ 歌の部分を示しています。

❼ ページの一部をめくったり、裏面を開いたりする際に、マークを用いています。

スケッチブックのシアターの作りかた

用意するもの

・B4またはA4サイズのスケッチブック
・型紙のコピー
・カラーペン、またはポスターカラーなど
・のり

① 型紙をB4、またはA4サイズのスケッチブックの大きさに合わせて拡大コピー（目安として B4 は 310％程度、A4 は 250％程度）します。

② カラーペン、またはポスターカラーなどで、①に色をぬります。

③ 乾いたら、スケッチブックにぴったり貼ります。
なお、裏のページに貼る場合などは、「用意するスケッチブック」の項目をご覧いただき、向きに注意して貼ってください。

①

②

③

※ 切り離し線があるものは、③の後に ------ を切り離します。

あらどこだ

帽子で隠れていたロバの耳が、ページをめくると帽子が飛んで現れたり、魚で隠れていたナマズのひげが、ページをめくると魚がはねて、ひげが現れたりします。でも、ワニの耳やぶたのひげはどこに・・・。
「♪あらどこだ」の歌詞に合わせて、いろいろな生き物が登場し、次々と隠れていた部分が現れます。歌詞に合わせて、テンポよくスケッチブックをめくりましょう。

 用意するスケッチブック ✂ 型紙は **P.70-77**

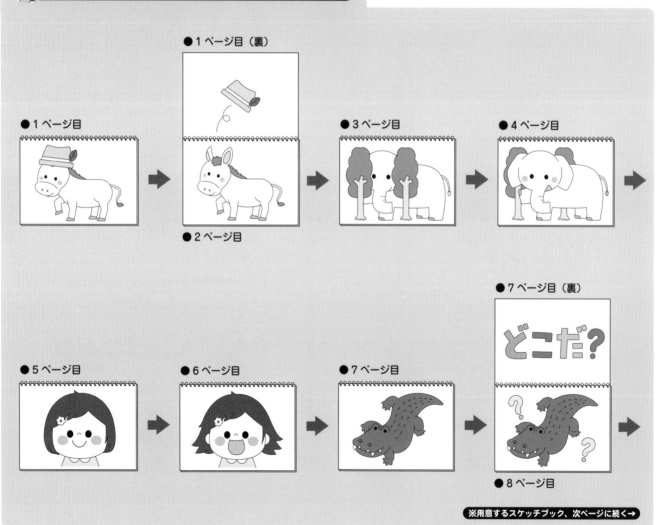

●1ページ目（裏）

●1ページ目

●2ページ目

●3ページ目

●4ページ目

●5ページ目

●6ページ目

●7ページ目

●7ページ目（裏）

●8ページ目

※用意するスケッチブック、次ページに続く→

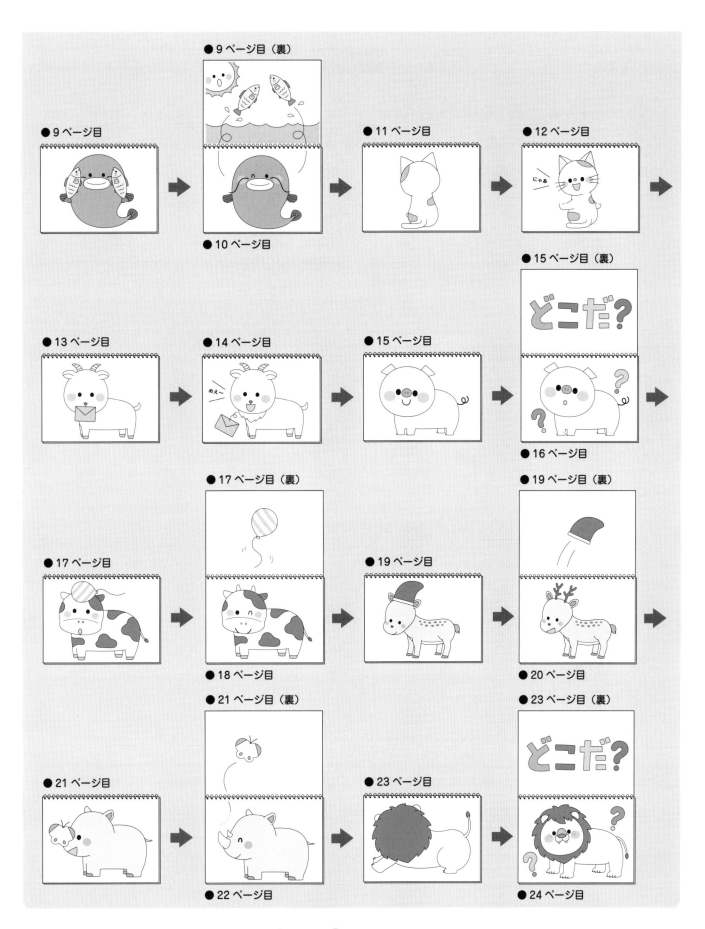

1

ロバの耳は上と下のどっちを向いているかな?

▶ 子どもたちの反応を受け・・・。

そうだね。ロバの耳は上を向いているね。
でも、ゾウの耳はどうかな?

▶ 子どもたちの反応を受け・・・。

じゃあ、いろいろな動物が登場する「♪あらどこだ」の歌を
歌ってみましょう。

▶ スケッチブックの1ページ目を見せる。

 ロバの　みみは

2

▶ 1ページ目の裏と、2ページ目を開く。

 うえむいて

3

▶ 3ページ目を開く。

 ゾウの　みみは

4

▶ 4 ページ目を開く。

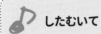 したむいて

5

▶ 5 ページ目を開く。

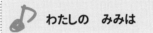 わたしの　みみは

6

▶ 6 ページ目を開く。

 かおの　よこ

7

▶ 7 ページ目を開く。

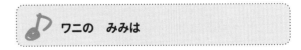 ワニの　みみは

▶ 7 ページ目の裏と、8 ページ目を開く。

🎵 あら　どこだ

あらら、ワニの耳はどこにあるんだろうね?
わからないね。

じゃあ、2 番も歌ってみましょう。

▶ 9 ページ目を開く。

🎵 ナマズの　ひげは

▶ 9 ページ目の裏と、10 ページ目を開く。

🎵 したむいて

11

▶ 11 ページ目を開く。

 ネコの　ひげは

12

▶ 12 ページ目を開く。

 よこむいて

13

▶ 13 ページ目を開く。

 ヤギの　ひげは

14

▶ 14 ページ目を開く。

 あごの　した

15

▶ 15 ページ目を開く。

 ブタの　ひげは

16

▶ 15 ページ目の裏と、16 ページ目を開く。

 あら　どこだ

あらら、ブタのひげはどこにあるんだろうね？
わからないね。

じゃあ、3 番も歌ってみましょう。

17

▶ 17 ページ目を開く。

 ウシの　つのは

18

▶ 17 ページ目の裏と、18 ページ目を開く。

あたまに

19

▶ 19 ページ目を開く。

シカの　つのも

20

▶ 19 ページ目の裏と、20 ページ目を開く。

あたまに

21

▶ 21ページ目を開く。

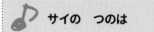
🎵 サイの　つのは

22

▶ 21ページ目の裏と、22 ページ目を開く。

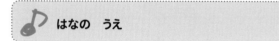
🎵 はなの　うえ

23

▶ 23 ページ目を開く。

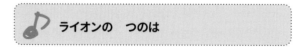
🎵 ライオンの　つのは

▶ 23 ページ目の裏と、24 ページ目を開く。

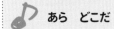 **あら　どこだ**

あらら、ライオンのつのは、どこにあるんだろうね？
わからないね。
動物たちは、いろいろなところに耳やひげやつのがついて
いるんだね。おもしろいね。

あらどこだ

作詞：神沢利子／作曲：越部信義

1.ロ バー のみ みは　う えむ いて　ゾ ウー のみ みは
2.ナ マズ のひ げは　し たむ いて　ネ コー のひ げは
3.ウ シー のつ のは　あ たま ーに　シ カー のつ のも

し たむ いて　わ たし のみ みは　か おの よこ た
よ こむ いて　ヤ ギー のひ げは　あ ごの しこ た
あ たま ーに　サ イー のつ のは　は なの うこ た

ワ ニー のみ みは　　　あ らど こ だ
ブ ター のひ げは　　　あ らど ここ だだ
ラ イオ ンのつ のは　　　あ らど こ だ

月火水木金土日のうた

「♪月火水木金土日のうた」の歌詞に合わせて、スケッチブックをめくっていきます。月曜日は月が笑っていたり、火曜日は火が怒っているなど、月曜日〜日曜日のそれぞれの漢字の意味をモチーフにしたユーモラスな歌です。スケッチブックシアターをはじめる前に、それぞれの曜日の漢字の意味を教えてあげると、子どもたちはより興味を持ってシアターを楽しめるでしょう。

用意するスケッチブック | 型紙は P.78-81

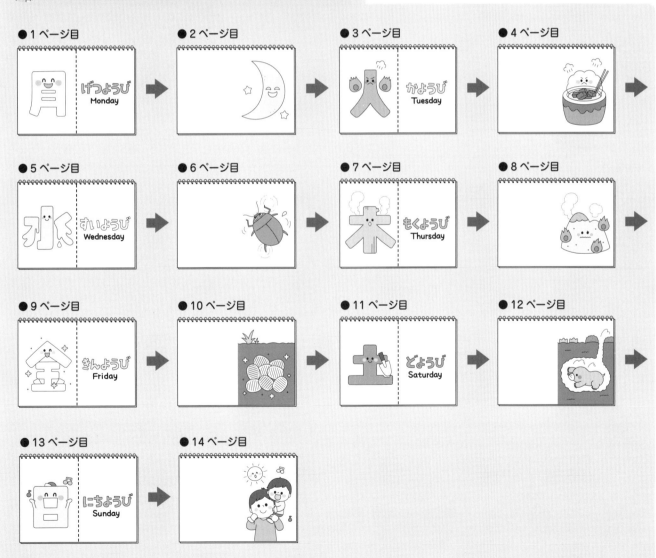

● 1 ページ目 → ● 2 ページ目 → ● 3 ページ目 → ● 4 ページ目 →
● 5 ページ目 → ● 6 ページ目 → ● 7 ページ目 → ● 8 ページ目 →
● 9 ページ目 → ● 10 ページ目 → ● 11 ページ目 → ● 12 ページ目 →
● 13 ページ目 → ● 14 ページ目

1

一週間には月曜日、火曜日、水曜日、木曜日、金曜日、土曜日、日曜日という7つの曜日がありますね。

その月火水木金土日の漢字にはそれぞれ意味があって、それをおもしろく表した歌があるので、みんなで歌ってみましょう。

「♪月火水木金土日のうた」という歌です。

▶ スケッチブックの1ページ目を見せる。

> ♪ げつようび　わらってる
> 　げらげらげらげら　わらってる

2

▶ 右側をめくり、2ページ目の右側を開く。

> ♪ おつきさまは　きがへんだ
> 　おつきさまは　きがへんだ

3

▶ 3ページ目を開く。

> ♪ かようび　おこってる
> 　かっかかっかかっかかっか
> 　おこってる

4

▶ 右側をめくり、4ページ目の右側を開く。

> ♪ ひばちの　すみは　おこりんぼ
> 　ひばちの　すみは　おこりんぼ

5

▶ 5 ページ目を開く。

 すいようび　およいでる
すいすいすいすい　およいでる

6

▶ 右側をめくり、6ページ目の右側を開く。

 みずすましは　みずの　うえ
みずすましは　みずの　うえ

7

▶ 7 ページ目を開く。

 もくようび　もえている
もくもくもくもく　もえている

8

▶ 右側をめくり、8ページ目の右側を開く。

 かじだ　かじだ　やまかじだ
かじだ　かじだ　やまかじだ

9

▶ 9ページ目を開く。

 きんようび　ひかってる
きらきらきらきら　ひかってる

10

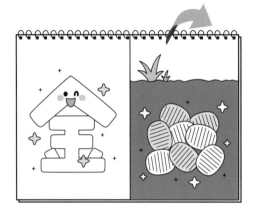

▶ 右側をめくり、10ページ目の右側を開く。

 おおばん　こばん　つちの　なか
おおばん　こばん　つちの　なか

11

▶ 11ページ目を開く。

 どようび　ほっていく
どんどんどんどん　ほっていく

12

▶ 右側をめくり、12ページ目の右側を開く。

 どこまで　ほっても　みつからない
どこまで　ほっても　みつからない

13

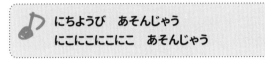

▶ 13ページ目を開く。

> ♪ にちようび　あそんじゃう
> にこにこにこにこ　あそんじゃう

14

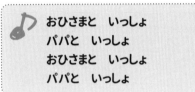

▶ 右側をめくり、14ページ目の右側を開く。

> ♪ おひさまと　いっしょ
> パパと　いっしょ
> おひさまと　いっしょ
> パパと　いっしょ

月曜日から日曜日まで、いろいろなことが起こりましたね。
みんなは、何曜日がおもしろかったかな?

月火水木金土日のうた

作詞：谷川俊太郎／作曲：服部公一

歌って楽しむ ❸

コンコンクシャンのうた

風邪をひいたり、ブルブル寒がったりしている動物たちがマスクをしますが、「クシャン!」とくしゃみをすると、マスクが外れて飛んでいってしまいます。「♪コンコンクシャンのうた」の歌詞に合わせて、リズミカルにスケッチブックをめくり、おもしろさを演出しましょう。

用意するスケッチブック 型紙は **P.81-86**

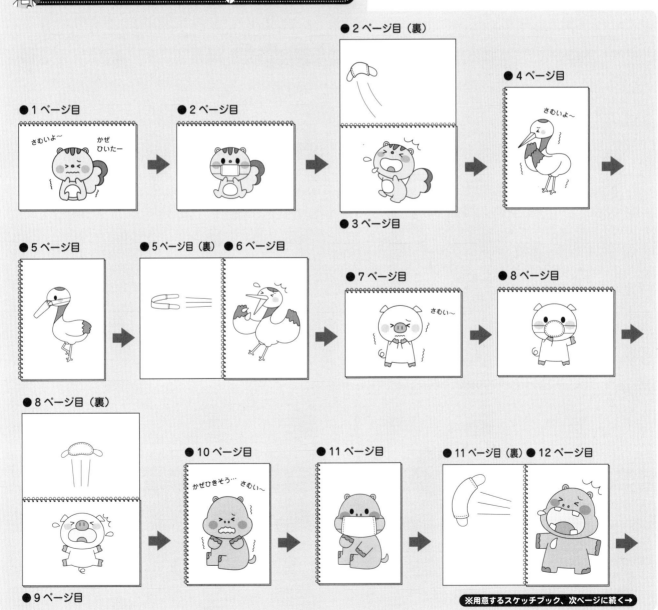

※用意するスケッチブック、次ページに続く→

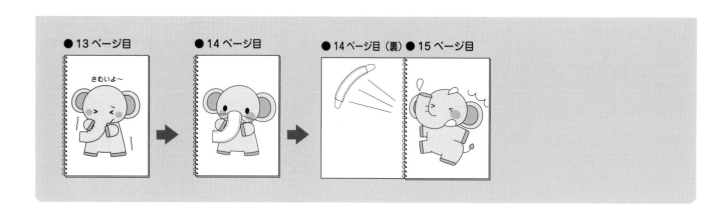

● 13 ページ目　● 14 ページ目　● 14 ページ目（裏）● 15 ページ目

あそびかた

1

さむいよ〜　　かぜ
　　　　　　ひいたー

▶ スケッチブックの 1 ページ目を見せる。

おやおや、りすさんがブルブルふるえていますね。
風邪ひいちゃったから、マスクをつけたいって言っているみたい。
じゃあ、みんなで「♪コンコンクシャンのうた」を歌ってみましょう。

2

▶ 2ページ目を開く。

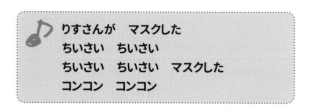

♪　りすさんが　マスクした
　　ちいさい　ちいさい
　　ちいさい　ちいさい　マスクした
　　コンコン　コンコン

3

▶ 2ページ目の裏と、3ページ目を開く。

 クシャン

あらら、りすさんがくしゃみをしたら、小さいマスクが外れて、
飛んでいっちゃいましたね。

4

▶ スケッチブックを縦にして、4ページ目を開く。

おや、今度はつるさんがブルブルふるえていますね。
「寒いよ〜」って言っていますね。
つるさんも、マスクをつけたいみたい。
じゃあ、2番を歌ってみましょう。

5

▶ 5ページ目を開く。

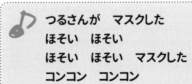 つるさんが　マスクした
ほそい　ほそい
ほそい　ほそい　マスクした
コンコン　コンコン

6

▶ 5ページ目の裏と、6ページ目を開く。

 クシャン

あらら、つるさんも、くしゃみをしたら、
細いマスクが外れて、飛んでいっちゃい
ましたね。

7

▶ スケッチブックを横に戻して、7ページ目を開く。

あら、今度はぶうちゃんがブルブルふるえていますね。
ぶうちゃんも、マスクをつけたいみたい。
じゃあ、3番を歌ってみましょう。

8

▶ 8ページ目を開く。

 ぶうちゃんが　マスクした
まるい　まるい
まるい　まるい　マスクした
コンコン　コンコン

 クシャン

▶ 8ページ目の裏と、9ページ目を開く。

あらら、ぶうちゃんも、くしゃみをしたら、まあるいマスクが
外れて、飛んでいっちゃいましたね。

かぜひきそう… さむい〜

▶ スケッチブックを縦にして、10 ページ目を開く。

おや、今度はかばさんがブルブルふるえて、「寒い〜」って
言っていますね。
かばさんも、マスクをつけたいみたい。
じゃあ、4番を歌ってみましょう。

▶ 11 ページ目を開く。

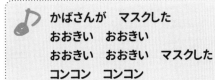

かばさんが　マスクした
おおきい　おおきい
おおきい　おおきい　マスクした
コンコン　コンコン

12

▶ 11ページ目の裏と、12ページ目を開く。

♪ クシャン

あらら、かばさんも、くしゃみをしたら、
大きいマスクが外れて、飛んでいっちゃ
いましたね。

13

さむいよ〜

▶ 13ページ目を開く。

おや、今度はぞうさんがブルブルふるえていますね。
ぞうさんも、マスクをつけたいみたい。
じゃあ、5番を歌ってみましょう。

14

▶ 14ページ目を開く。

♪ ぞうさんが　マスクした
　 ながい　ながい
　 ながい　ながい　マスクした
　 コンコン　コンコン

▶ 14 ページ目の裏と、15ページ目を開く。

クシャン

あらら、ぞうさんも、くしゃみをしたら、長いマスクが外れて、飛んでいっちゃいましたね。

▶ スケッチブックを一度下げる。

動物たちがくしゃみをしたら、みんなマスクが外れて、飛んでいっちゃいましたね。
いろいろなマスクがあったけど、どんなマスクだったか、覚えているかな？
りすさんのマスクは、どんなマスクだったかな？

▶ 子どもたちの反応を受け、スケッチブックの2ページ目を開く。

そうです！ りすさんのマスクは、小さい小さいマスクでしたね。
よくわかったね！
じゃあ、つるさんのマスクは、どんなマスクだったかな？

▶ 子どもたちの反応を受け、スケッチブックの5ページ目を開く。

そうです！ つるさんのマスクは、細い細いマスクでしたね。
よくわかったね！
じゃあ、ぶうちゃんのマスクは、どんなマスクだったかな？

▶ 子どもたちの反応を受けて、次々にどんなマスクだったか、
　聞いていく。

コンコンクシャンのうた

作詞：香山美子／作曲：湯山昭

あめふりくまのこ

子どもたちに人気の「♪あめふりくまのこ」をスケッチブックで展開します。お山に雨が降ってきて、ページを半分だけめくると小川ができたり、もう半分めくると、くまのこが現れたりします。子どもたちと一緒に元気よく歌いながら、スケッチブックのページをめくりましょう。

用意するスケッチブック　✂ 型紙は　P.86-88

● 1 ページ目

● 1 ページ目（裏）

● 2 ページ目

● 3 ページ目

● 3 ページ目（裏）

● 4 ページ目

● 5 ページ目

● 5 ページ目（裏）

● 6 ページ目

● 7 ページ目

1

▶ スケッチブックの1ページ目を見せる。

ここにお山があります。今日の天気はどうかな?

2

▶ 子どもたちの反応を受けて、2ページ目を開く。

今日のお山のお天気は、雨でした。
雨が降っている山に、いたずらなくまのこがやって来るみたいですよ。じゃあみんなで「♪あめふりくまのこ」の歌を歌ってみましょう。

 おやまに　あめが　ふりました

3

▶ 2ページ目を開いたまま、1ページ目 の裏を開く。

 あとから　あとから　ふってきて

- 30 -

4

▶ 左側をめくり、3ページ目の左側を開く。

 ♪ ちょろちょろ　おがわが　できました

5

▶ 右側をめくり、3ページ目の右側を開く。

♪ いたずらくまのこ　かけてきて

6

▶ 4ページ目を開く。

♪ そうっと　のぞいて　みてました

7

▶ 4ページ目を開いたまま、3ページ目の裏を開く。

🎵 さかなが　いるかと　みてました

8

▶ 5ページ目を開く。

🎵 なんにも　いないと　くまのこは
おみずを　ひとくち　のみました
おててで　すくって　のみました

9

▶ 6ページ目を開く。

🎵 それでも　どこかに　いるようで
もいちど　のぞいて　みてました

10

▶ 6ページ目を開いたまま、5ページ目の裏を開く。

 さかなを　まちまち　みてました

11

▶ 7ページ目を開く。

 なかなか　やまない　あめでした
かさでも　かぶっていましょうと
あたまに　はっぱを　のせました

くまのこは、何度も小川をのぞいたけれど、お魚はいなかった
ようですね。
そして、雨がなかなかやまなかったから、葉っぱを傘の代わり
に頭に乗せたのですね。
大きな葉っぱがあって、よかったね。

あめふりくまのこ

作詞：鶴見正夫／作曲：湯山昭

歌って楽しむ **5**

すうじのうた

1〜10の数字が、それぞれどんな形に見えるか、「♪すうじのうた」の歌詞に合わせて、スケッチブックのページの半分をめくっていきます。ページの左には数字、右にはそれぞれの数字の形を使った絵が現れ、その形を比較しながら楽しむことができます。数字を覚えたての子どもたちにこのシアターを見せると、より数字に興味を持つことができるでしょう。

用意するスケッチブック ✂ 型紙は **P.88-93**

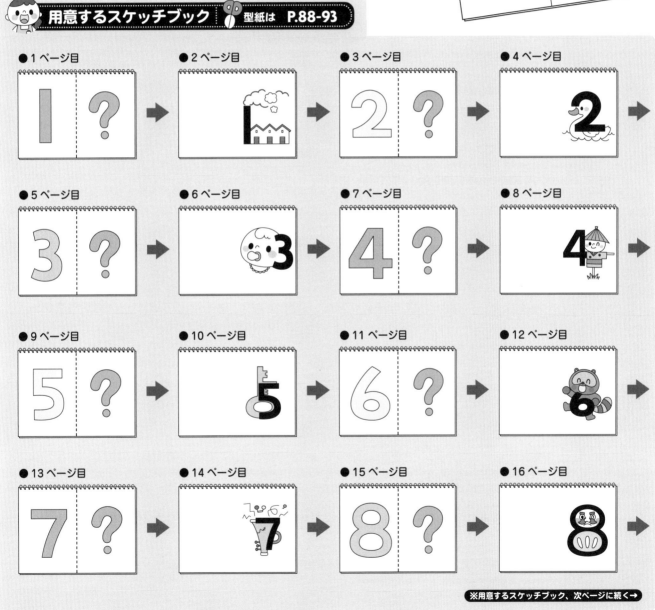

● 1 ページ目 → ● 2 ページ目 → ● 3 ページ目 → ● 4 ページ目 →

● 5 ページ目 → ● 6 ページ目 → ● 7 ページ目 → ● 8 ページ目 →

● 9 ページ目 → ● 10 ページ目 → ● 11 ページ目 → ● 12 ページ目 →

● 13 ページ目 → ● 14 ページ目 → ● 15 ページ目 → ● 16 ページ目 →

※用意するスケッチブック、次ページに続く→

みんな、数字の1から10はわかるかな？　1、2、3、4、5、6、7、8、9、10だよね。
その数字は、いろいろな形に見えるんですよ。たとえばこれ。

1

▶ スケッチブックの1ページ目を見せる。

これは、どんな形に見えるかな？

▶ 子どもたちの反応を受けて・・・。

じゃあ、みんなで「♪すうじのうた」を歌ってみましょう。

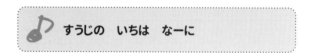

♪ すうじの　いちは　なーに

2

▶ 右側をめくり、2ページ目の右側を開く。

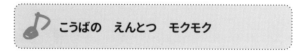

♪ こうばの　えんとつ　モクモク

3

▶ 3ページ目を開く。

🎵 すうじの　には　なーに

4

▶ 右側をめくり、4ページ目の右側を開く。

🎵 おいけの　がちょう　ガアガア

5

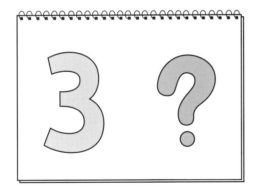

▶ 5ページ目を開く。

🎵 すうじの　さんは　なーに

6

▶ 右側をめくり、6ページ目の右側を開く。

🎵 あかちゃんの　おみみ　フムフム

7

▶ 7 ページ目を開く。

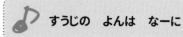
🎵 すうじの　よんは　なーに

8

▶ 右側をめくり、8 ページ目の右側を開く。

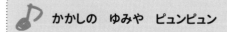
🎵 かかしの　ゆみや　ピュンピュン

9

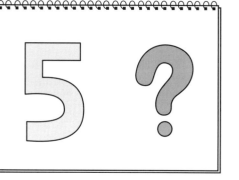

▶ 9 ページ目を開く。

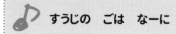
🎵 すうじの　ごは　なーに

10

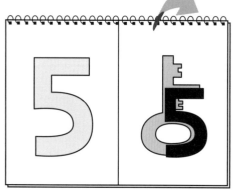

▶ 右側をめくり、10 ページ目の右側を開く。

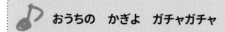
🎵 おうちの　かぎよ　ガチャガチャ

11

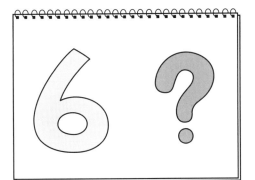

▶ 11 ページ目を開く。

🎵 すうじの　ろくは　なーに

12

▶ 右側をめくり、12 ページ目の右側を開く。

🎵 たぬきの　おなか　ポンポン

13

▶ 13 ページ目を開く。

🎵 すうじの　ななは　なーに

14

▶ 右側をめくり、14 ページ目の右側を開く。

🎵 こわれた　ラッパ　プープー

15

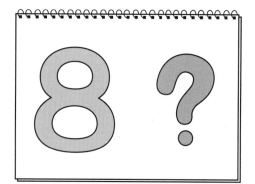

▶ 15 ページ目を開く。

 すうじの　はちは　なーに

16

▶ 右側をめくり、16 ページ目の右側を開く。

 たなの　だるま　アップップ

17

▶ 17 ページ目を開く。

 すうじの　きゅうは　なーに

18

▶ 右側をめくり、18 ページ目の右側を開く。

 おたまじゃくし　チョロチョロ

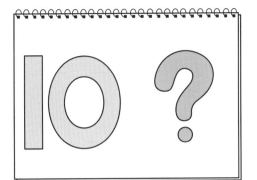

▶ 19 ページ目を開く。

 すうじの　じゅうは　なーに

▶ 右側をめくり、20 ページ目の右側を開く。

 えんとつと　おつきさま　ピカピカ

1から10の数字は、いろいろな形に見えましたね。
おもしろいね！

すうじのうた

作詞：夢 虹二／作曲：小谷 肇

名作で楽しむ ❶

てぶくろ

ウクライナの民話「てぶくろ」をスケッチブックで展開します。おじいさんが落とした片方のてぶくろの中に、いろいろな動物が次々にやって来て、入っていきます。やがて、てぶくろはパンパンに・・・。ページの半分をめくると、遠くからやってきて、てぶくろに近づく動物たちの動きや、パンパンになっていくてぶくろの様子などをスケッチブックで楽しみましょう。

用意するスケッチブック ✂ 型紙は P.93-97

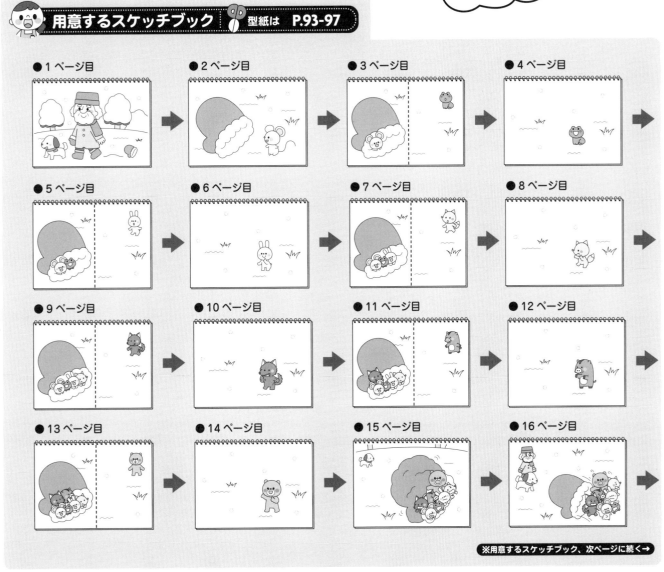

- 1ページ目
- 2ページ目
- 3ページ目
- 4ページ目
- 5ページ目
- 6ページ目
- 7ページ目
- 8ページ目
- 9ページ目
- 10ページ目
- 11ページ目
- 12ページ目
- 13ページ目
- 14ページ目
- 15ページ目
- 16ページ目

※用意するスケッチブック、次ページに続く→

● 17 ページ目

あそびかた

1

▶ スケッチブックの1ページ目を見せる。

雪の降る寒い森の中を、おじいさんと子イヌが歩いていました。

「ずいぶん雪が降ってきたなあ。急いで帰ろう。」

「ワンワン!」

そのときです。おじいさんは、てぶくろを片方落としていって
しまいました。

2

▶ 2ページ目を開く。

そこへ、ネズミがやって来ました。

「あっ、てぶくろだ! あったかそうだな。
よし、入ってみよう!」

ネズミは、てぶくろにもぐり込みました。

3

▶ 3ページ目を開く。

「やっぱり、てぶくろの中はあったかいなあ。」

ネズミがぬくぬくしていると、向こうからカエルがてぶくろに
気づいて、近づいて来ました。

4

▶ 右側をめくり、4ページ目の右側を開く。

 「やあ、ネズミくん。てぶくろの中は、
あったかそうだね。ぼくも入れて!」

 「いいよ!」

カエルも、てぶくろの中に入りました。

5

▶ 5ページ目を開く。

 「やっぱり、てぶくろの中はあったかいなあ。」

カエルがぬくぬくしていると、今度は向こうからウサギが
てぶくろに気づいて、近づいて来ました。

6

▶ 右側をめくり、6ページ目の右側を開く。

 「あら、ネズミさんにカエルさん。
てぶくろの中は、あったかそうね。 私も入れて!」

 「いいよ!」

ウサギも、てぶくろの中に入りました。

7

▶ 7ページ目を開く。

 「やっぱり、てぶくろの中はあったかいわ。」

ウサギがぬくぬくしていると、向こうからキツネが
てぶくろに気づいて、近づいて来ました。

8

▶ 右側をめくり、8ページ目の右側を開く。

「やあ、ネズミくんにカエルくんにウサギさん。
てぶくろの中は、あったかそうだね。ぼくも入れて!」

「いいわよ!」

キツネも、てぶくろの中に入りました。

9

▶ 9ページ目を開く。

「やっぱり、てぶくろの中はあったかいなあ。」

キツネがぬくぬくしていると、今度は向こうからオオカミが
てぶくろに気づいて、近づいて来ました。

10

▶ 右側をめくり、10ページ目の右側を開く。

「やあ、皆さん。 てぶくろの中は、あったかそうだね。
おれも入れてくれ!」

「いいよ!」

オオカミも、てぶくろの中に入りました。

11

▶ 11ページ目を開く。

オオカミが入ると、てぶくろの中は、だんだんせまく、
きつくなってきました。

「ちょっときついけど、やっぱりてぶくろの中は
あったかいなあ。」

オオカミがぬくぬくしていると、向こうからイノシシが
てぶくろに気づいて、近づいて来ました。

12

▶ 右側をめくり、12 ページ目の右側を開く。

 「やあ、皆さん。てぶくろの中は、あったかそうだね。おいらも入れて!」

 「せまいから、無理だよ!」

 「そんなこと言わないで、入れておくれよ。」

 「しかたないなあ。じゃあ、いいよ。」

イノシシも、てぶくろの中に入りました。

13

▶ 13 ページ目を開く。

イノシシが入ると、てぶくろの中は、ぎゅうぎゅうになってきました。

 「ちょっときついけど、やっぱりてぶくろの中はあったかいなあ。」

イノシシがぬくぬくしていると、向こうからクマがてぶくろに気づいて、近づいて来ました。

14

▶ 右側をめくり、14 ページ目の右側を開く。

 「やあ、皆さん。てぶくろの中は、あったかそうだね。わしも入れておくれ!」

 「クマさんは大きすぎて、入れないよ!」

 「もうこれ以上、無理だよ!」

 「そんなこと言わないで、入れておくれよ!よし、入ってやる!」

クマは、強引にてぶくろの中に入っていきました。

▶ 15 ページ目を開く。

すると、さあ大変!
てぶくろの中は、押し合い、へし合い、大騒ぎになりました。

 「うわあ、せまい!」

 「く、苦しい!」

 「息ができないよ〜!」

そこへ、さっきの子イヌがてぶくろを探しに、戻って来ました。

▶ 16 ページ目を開く。

 「ワンワン!　あっ、てぶくろがあったワン!」

みんなは、びっくりして、てぶくろから這い出すと、
慌てて逃げて行きました。

 「わあ〜!」

 「逃げろ〜!」

▶ 17 ページ目を開く。

おじいさんは、てぶくろを拾い上げると、手にはめました。

 「ああ、見つかってよかった!　ありがとね。」

 「ワンワン!」

おじいさんも子イヌも、てぶくろが見つかって、嬉しそうでした。
おしまい。

3匹のヤギのがらがらどん

ノルウェーの民話「3匹のヤギのがらがらどん」のお話です。3匹のヤギの名前は、みんな同じ「がらがらどん」。橋の向こうの草を食べに行こうとすると、不気味なトロルが橋の下から現れます。がらがらどんたちは、どうなるのでしょうか・・。
3匹のがらがらどんは、声色を替えて、3匹の違いを表現しましょう。また、ページの半分をめくってトロルが現れる場面では、ドスのきいた低い声でトロルのセリフを言い、お話を盛り上げましょう。

用意するスケッチブック　🔧 型紙は P.98-99

●1ページ目　　●2ページ目　　●3ページ目　　●4ページ目

●5ページ目　　●6ページ目　　●7ページ目　　●8ページ目

●9ページ目　　●10ページ目

1

▶ スケッチブックの1ページ目を見せる。

あるところに、3匹のヤギが住んでいました。
小さいヤギの名前は「がらがらどん」。
中くらいの大きさのヤギも「がらがらどん」。
一番大きいヤギも「がらがらどん」。
名前は、みんな同じ「がらがらどん」です。

「お腹空いちゃったなあ。」

「ぼくも、お腹空いた!」

「よし、じゃあ草を食べに行こう!」

3匹のがらがらどんは、橋の向こうの山へ草を食べに行くことにしました。

2

▶ 2ページ目を開く。

ところが、橋の下には、大きく不気味なトロルが住んでいたのです。

まず、小さいがらがらどんが橋を渡ります。

3

▶ 右側をめくり、3ページ目の右側を開く。

すると、トロルが現れました。

「誰だ、おれの橋を渡ろうとするのは。一飲みにしてやる!」

「どうか、食べないでください。ぼくはこんなに小さいヤギです。もう少し待てば、もっと大きいヤギがやって来ますよ。」

「ほんとだな? それなら、とっとと行け!」

そうして、小さいがらがらどんは見逃してもらい、
橋を渡ることができました。

4

▶ 4ページ目を開く。

しばらくして、中くらいの大きさのがらがらどんが、
橋を渡りにやって来ました。

5

▶ 右側をめくり、5ページ目の右側を開く。

すると、トロルが現れました。

 「誰だ、おれの橋を渡ろうとするのは。
　　一飲み にしてやる!」

 「どうか、食べないで。ぼくはそんなに大きくないよ。
　　もう少し待てば、もっともっと大きいヤギが
　　やって来ますよ。」

 「ほんとだな? それなら、とっとと行け!」

そうして、中くらいの大きさのがらがらどんも見逃してもらい、
橋を渡ることができました。

6

▶ 6ページ目を開く。

最後は、一番大きいがらがらどんが、橋を渡りにやって来ました。

7

▶ 右側をめくり、7ページ目の右側を開く。

すると、トロルが現れました。

 「誰だ、おれの橋を渡ろうとするのは。
　　一飲み にしてやる!」

 「おれだ!　大きいヤギのがらがらどんだ!
　　お前なんかには、負けないぞ!」

 「何だと!?」

8

▶ 8ページ目を開く。

 「やっつけてやる!」

一番大きいがらがらどんはトロルに立ち向かっていき、大きなつのでトロルを何度も突き落そうとしました。

 「な、何をする!?　やめろ!」

 「これでもか!　えいっ!」

9

▶ 9ページ目を開く。

そしてついに、トロルは川の底へ沈んでいきました。

 「ひえ〜!!」

10

▶ 10ページ目を開く。

そして、3匹のがらがらどんは、山の草をお腹いっぱい食べることができました。

よかったね!

サルとカニ

日本の昔話「サルとカニ」をスケッチブックで展開します。ページを半分だけ開いて動きを出したり、サルからもらった柿の種を土に植えて、大きな柿の木になる場面では、スケッチブックを見開きで使い、ダイナミックに変化をつけています。サルがカニに投げつける柿は、緑色にぬりましょう。

用意するスケッチブック　✂ 型紙は P.100-104

● 1 ページ目 → ● 2 ページ目 → ● 3 ページ目 → ● 4 ページ目 →

● 5 ページ目 / ● 5 ページ目（裏）・● 6 ページ目 → ● 6 ページ目（裏）・● 7 ページ目 → ● 7 ページ目（裏）・● 8 ページ目 →

● 9 ページ目 → ● 10 ページ目 → ● 11 ページ目 → ● 12 ページ目 →

※用意するスケッチブック、次ページに続く→

● 13 ページ目

あそびかた

1

▶ スケッチブックの 1 ページ目を見せる。

昔々、お母さんが作ってくれたおにぎりを持って、
カニが散歩をしていました。

2

▶ 左側をめくり、2ページ目の左側を開く。

そこへ、柿の種を持ったサルがやって来ました。

 「やあ、カニさん。おいしそうなおにぎりだね。」

 「うん、お母さんが作ってくれたんだ。」

 「この柿の種と取り替えっこしない?
　おにぎりは、食べちゃえばおしまいだけど、
　柿の種は、土に植えたら、毎年おいしい柿が
　たくさんできるよ。」

 「ほんと!?」

3

▶ 3 ページ目を開く。

そうして、カニは、おにぎりと柿の種を交換しました。

4

▶ 4ページ目を開く。

カニは、柿の種を土に植えて、毎日水をあげました。

「はやく芽を出せ、柿の種!」

5

▶ 左側をめくり、5ページ目の左側を開く。

すると、柿の種は芽を出しました。

「やったー!　芽が出た!
　　　　　はやく木になって、実をつけておくれ!」

カニは、来る日も来る日も水をあげて、大切に育てました。

6

▶ 5ページ目の裏と、6ページ目を開く。

やがて、柿は大きく立派な木になり、オレンジの実を
たくさんつけました。

「やったー!　大きな木になった!」

ところが、カニは木に登ることができません。

「そうだ、ぼくは木に登れないんだ。
　　　　　あの柿の実を取れないよ。どうしよう・・・。」

7

▶ 6ページ目の裏と、7ページ目を開く。

そこへ、サルがやって来ました。

「あっ、サルさん、柿の実を取って来てくれない?」

「お安いご用さ!」

サルは、スルスルと柿の木を登っていくと、おいしそうな実を食べ始めました。

「うん、甘くてうまい!」

サルは、カニにはひとつもあげずに、次々とおいしそうな実を食べました。

8

▶ 7ページ目の裏と、8ページ目を開く。

「サルさん、自分ばっかり食べて、ずるいよ。
ぼくにも柿の実を取ってよ。」

「おいしい実は、全部いただくよ。
そんなにほしけりゃ、これでもくれてやるよ。
ほら!」

サルは、まだ熟していない硬い実をカニに投げつけました。

「何をするんだ・・・。痛いよう・・・。」

▶ 9ページ目を開く。

 「サルさん、何てひどいことをするんだ。えーん・・・。」

カニが泣いていると、そこへ栗とハチとうすと、牛のふんが
集まって来ました。

 「カニさん、どうしたの?」

 「あのね・・・。」

カニがサルのことを話すと、みんなは怒りました。

 「それはひどい!」

そして、みんなでサルをこらしめることにしました。

▶ 10ページ目を開く。

みんなは、サルの家に行きました。サルが出かけている間に、
こっそり隠れて、帰って来たところを攻撃しようと考えたのです。
栗はいろりの灰の中に、ハチは水がめの裏に、うすは玄関の
ひさしの上に、牛のふんは家の外の陰に隠れました。
そこへ、サルが帰って来ました。

▶ 左側をめくり、11 ページ目の左側を開く。

 「よし、今だ!」

サルの顔に向かって、栗がいろりの灰の中から飛び出し、
ハチは水がめの裏から飛び出しました。

- 57 -

12

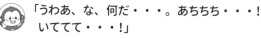

▶ 右側をめくり、11ページ目の右側を開く。

「うわあ、な、何だ・・・。あちちち・・・！
いててて・・・！」

栗は、灰の中で熱くなっていたのです。
そしてハチは思いきりサルの顔を刺しました。

「カニさんをいじめた罰だ！」

「こらしめてやる！」

「や、やめてくれ〜！」

13

▶ 12ページ目を開く。

サルは、たまらず外へ飛び出しました。
すると、玄関の外で待ち構えていた牛のふんを踏んですべって、
すってんころりん！

「うわあ・・・！」

14

▶ 13ページ目を開く。

そこへ、玄関のひさしの上で待ち構えていたうすが落ちてきて、
サルをドスンと踏みつけました。

「ぎゃあ〜！ た、助けて〜！」

「カニさんをいじめた罰だ。参ったか！」

「参りました！ごめんなさい！」

サルはすっかり反省したようですよ。
そして、それからというもの、二度と悪いことはしなくなった
そうですよ。
めでたし、めでたし。

ブレーメンの音楽隊

グリム童話「ブレーメンの音楽隊」のお話です。年を取って働けなくなり、飼い主から見捨てられたロバやイヌ、ネコ、ニワトリたちは、ブレーメンに行って音楽隊に入ろうと、旅に出ます。しょんぼりしている様子から、ページの半分をめくると、一転して元気な様子に変わったり、見開きを使って、お化けに扮装する様子を表現しています。スケッチブックならではの展開を楽しみましょう。

用意するスケッチブック　型紙は P.104-107

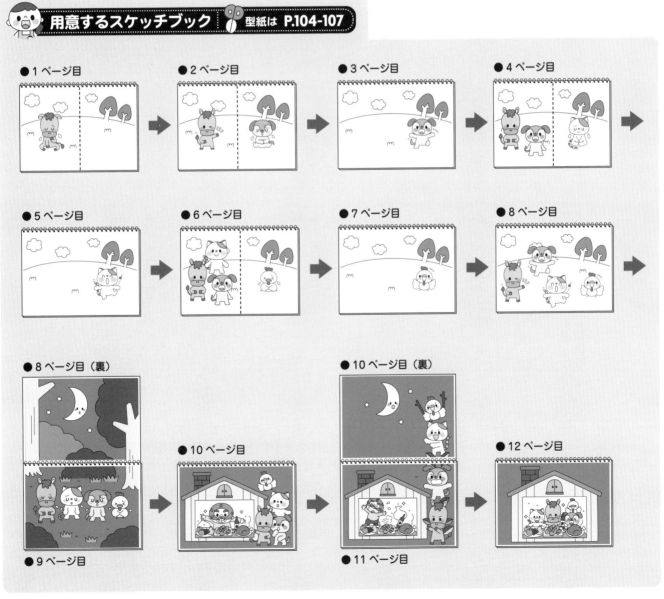

1

▶ スケッチブックの1ページ目を見せる。

あるところに、元気のないロバがいました。

「年を取って荷物を運べなくなったから、お払い箱なんて、ひどいよ。これからどうしよう・・・。」

ロバは、どうやら飼い主に捨てられてしまったようですね。

2

▶ 左側をめくり、2ページ目の左側を開く。

「あっ、そうだ！　ブレーメンに行こう！
ブレーメンに行って音楽隊に入ったら、
きっと楽しいぞ！」

ロバは、ブレーメンというところに行って、音楽隊に入ることにしました。

3

▶ 右側をめくり、2ページ目の右側を開く。

そこへ、元気のないイヌがやって来ました。

「年を取って走れなくなったから、お払い箱なんて、ひどいよ。これからどうしよう・・・。」

イヌも、どうやら飼い主に捨てられてしまったようですね。
すると、ロバが、しょんぼりしているイヌに近づいて言いました。

「ねえ、もしよかったら、ぼくと一緒にブレーメンに行かない？
ブレーメンに行って、音楽隊に入るんだ。」

4

▶ 右側をめくり、3ページ目の右側を開く。

「ブレーメンの音楽隊か。それはいい考えだね！」

ロバとイヌは、一緒にブレーメンに行くことになりました。

5

▶ 4ページ目を開く。

そこへ、今度は元気のないネコがやって来ました。

「年を取ってネズミを捕れなくなったから、お払い箱なんて、ひどいよ。これからどうしよう・・・。」

ネコも、どうやら飼い主に捨てられてしまったようですね。

すると、イヌが、しょんぼりしているネコに近づいて言いました。

「ねえ、もしよかったら、ぼくたちと一緒にブレーメンに行かない？ブレーメンに行って、音楽隊に入るんだ。」

6

▶ 右側をめくり、5ページ目の右側を開く。

「ブレーメンの音楽隊か。それはいい考えだね！」

そして、ネコも一緒にブレーメンに行くことになりました。

7

▶ 6ページ目を開く。

そこへ、今度は元気のないニワトリがやって来ました。

「年を取って卵を産めなくなったから、スープにされちゃうなんて、ひどいよ。これからどうしよう・・・。」

ニワトリも、どうやら飼い主に捨てられてしまったようですね。

すると、ネコが、しょんぼりしているニワトリに近づいて言いました。

「ねえ、もしよかったら、私たちと一緒にブレーメンに行かない？ブレーメンに行って、音楽隊に入るんだ。」

8

▶ 右側をめくり、7ページ目の右側を開く。

「ブレーメンの音楽隊か。それはいい考えだね！」

9

▶8ページ目を開く。

そして、みんなでブレーメンに行くことになりました。

「ブレーメン、ブレーメン、ブレーメンに行こう!」

10

▶8ページ目の裏と、9ページ目を開く。

みんなは、ブレーメンを目指して歩き続けました。
あたりはすっかり暗くなってきたようです。

「ブレーメンは、まだ遠いのかな?」

「ずいぶん暗くなってきちゃったね。」

「お腹もペコペコだよ。」

なかなかブレーメンにたどり着けずに、
みんなは、すっかり疲れ果ててしまったようですね。

11

▶10ページ目を開く。

「あっ、あそこに家が見えるぞ。行ってみよう。」

「今日も宝石がたくさん盗めたな。
じゃあ、今夜もごちそうをいただくとするか。
どろぼうはやめられないな。ワッハッハ・・・。」

「どろぼうだって! どうしよう・・・。」

「でも、ごちそう食べたいな・・・。」

そこは、どろぼうが住む家だったのです。
そして、みんなはいいことを考えました。

▶ 10ページ目の裏と、11ページ目を開く。

ロバの背中にイヌが乗り、その上にネコが乗り、
さらにその上にニワトリが乗りました。
おばけに扮したのです。

「おばけだぞ〜! 人間はいないか〜。
人間を食ってやる〜!」

「な、なんだ⁉ ば、ばけものだ! ギャーッ!」

家の外のおばけを見たどろぼうは、恐ろしくなって、
家を飛び出し、慌ててどこか遠くへ逃げて行きました。

▶ 12ページ目を開く。

「やったー! 大成功!」

「じゃあ、ごちそうを食べよう!」

そう言うと、みんなは家の中に入り、お腹いっぱいごちそうを
食べました。
そして、みんなはその家がとても気に入って、みんなで楽器を
弾いたり歌を歌ったりしながら、そこでいつまでも幸せに暮らした
そうですよ。よかったね。

名作で楽しむ **5**

おむすびころりん

日本の昔話「おむすびころりん」のお話です。おむすびが穴に向かって転がっていく場面では、ページを半分ずつ開いて、動きを出しています。また、おじいさんや欲ばりじいさんが穴に落ちる場面では、スケッチブックの裏面と表面を使い、ダイナミックな動きを演出しています。タイミングよくスケッチブックを動かしましょう。

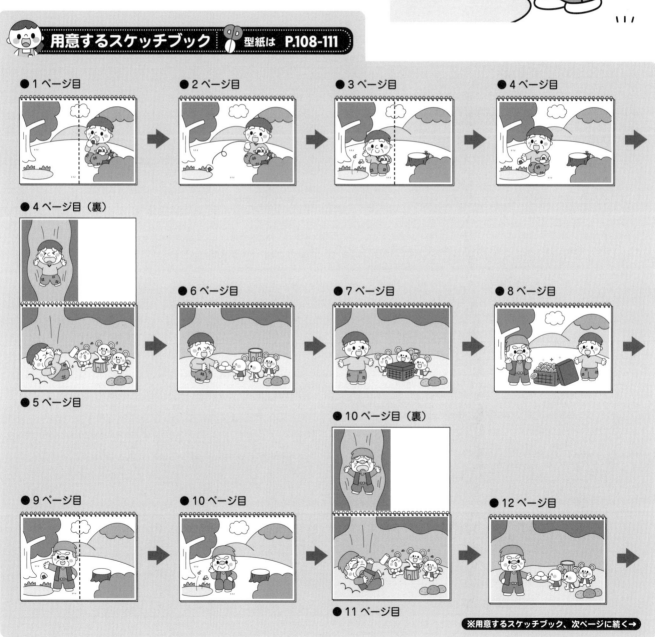

用意するスケッチブック　型紙は P.108-111

● 1 ページ目　● 2 ページ目　● 3 ページ目　● 4 ページ目

● 4 ページ目（裏）　● 6 ページ目　● 7 ページ目　● 8 ページ目

● 5 ページ目

● 10 ページ目（裏）

● 9 ページ目　● 10 ページ目　● 12 ページ目

● 11 ページ目

※用意するスケッチブック、次ページに続く→

●13ページ目　●14ページ目

 あそびかた

1

▶ スケッチブックの 1 ページ目を見せる。

昔々、おじいさんが山へたきぎを集めに行きました。
お昼になったので、お弁当のおむすびを食べようとしたとき
のことです。

 「たきぎをたくさん集めたから、お腹が空いた。
　さあ、おむすびを食べるとするか。
　いただきまーす！」

2

▶ 右側をめくり、2ページ目の右側を開く。

ところが、おじいさんがおむすびを食べようとすると、
するりと手からおむすびが転げ落ちて、

3

▶ 左側をめくり、2ページ目の左側を開く。

ころころと転がり、穴に落ちてしまいました。

 「おっと、いけない！　おむすびを穴に落として
　しまった！」

すると、不思議なことに、穴の中から歌が聞こえてきました。

4

▶ 3ページ目を開く。

 「おむすびころりん、すっとんとん。
おむすびころりん、すっとんとん。」

 「おや、何やら穴の中から歌が聞こえてきたぞ。」

5

▶ 左側をめくり、4ページ目の左側を開く。

 「こりゃ、おもしろい。もう一度、おむすびを落として
みよう。」

すると、また穴の中から歌が聞こえてきました。

 「おむすびころりん、すっとんとん。
おむすびころりん、すっとんとん。」

 「また歌が聞こえてきたぞ。こりゃ、ゆかいじゃ。
ワハハ・・・。よし、じゃあ今度はわしが穴の中に
入ってみよう。」

6

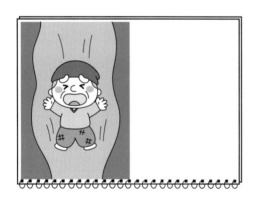

▶ 4ページ目の裏を開く。

おじいさんは、そう言うと、今度は自分が穴の中に入って
行きました。

 「うわ～、どこまで落ちて行くんじゃ～!」

おじいさんは、どこまでも穴の中を落ちて行きます。

7

▶ 5ページ目を開く。

やがて、おじいさんがドスンと落ちたところは、ネズミの国でした。
そこでは、ネズミたちがもちつきをしていました。

▶ 6ページ目を開く。

 「ここは、どこじゃ・・・。」

 「ようこそ、おじいさん。ここはネズミの国です。
さっきは、おいしいおむすびをありがとう。
お礼に、つきたてのおもちをごちそうしますよ。
はい、どうぞ。」

 「それは、嬉しいのう。じゃあ、遠慮なくいただきます。」

 「おもちを食べて、ゆっくりしていってくださいね。」

おじいさんは、つきたてのおもちでもてなされました。

▶ 7ページ目を開く。

そして、おじいさんが帰ろうとしたとき、ネズミたちは、
お土産につづらをひとつくれました。

 「おじいさん、お土産につづらを持って行って
くださいね。」

 「それは嬉しい。いろいろと、ありがとうね!」

▶ 8ページ目を開く。

おじいさんは、地上に戻って、ネズミたちにもらったつづらを
開けてみました。すると・・・。

 「わあ、小判がたくさん入っているぞ。
こりゃあ、すごい!」

つづらの中には、小判がたくさん入っていたのです。
そこに、となりに住む欲ばりなおじいさんがやって来ました。

 「こんなにたくさんの小判をどうしたんじゃ!?」

おじいさんは、ネズミの国のできごとを話しました。
すると、欲ばりじいさんも、そのつづらが欲しくなりました。

11

▶ 9ページ目を開く。

欲ばりじいさんは、おむすびを持って、ネズミの穴のところに
やって来ました。

 「この穴じゃな。よし、さっそくおむすびを落として
みよう。」

12

▶ 左側をめくり、10ページ目の左側を開く。

すると、穴の中からネズミの歌が聞こえてきました。

 「おむすびころりん、すっとんとん。
おむすびころりん、すっとんとん。」

 「ふむふむ、聞こえてきたぞ。
よし、じゃあ今度は、わしが入るぞ。」

13

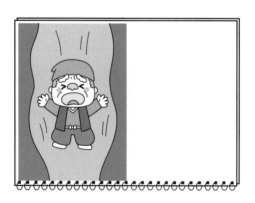

▶ 10 ページ目の裏を開く。

欲ばりじいさんは、自分も穴の中に入って行きました。

 「うわ～、どこまで落ちて行くんじゃ～!」

欲ばりじいさんは、どこまでも穴の中を落ちて行きます。

14

▶ 11ページ目を開く。

そして、ようやくネズミの国に着きました。
ネズミたちは、またもちつきをしていました。

15

▶ 12 ページ目を開く。

「ここがうわさのネズミの国じゃな。」

「ようこそ、おじいさん。ここはネズミの国です。
さっきは、おいしいおむすびをありがとう。
お礼に、つきたてのおもちをごちそうしますよ。
はい、どうぞ。」

ネズミたちは、つきたてのおもちで欲ばりじいさんをもてなそうとしました。ところが、欲ばりじいさんは、早くつづらが欲しくてたまりません。

16

▶ 13 ページ目を開く。

「いいことを思いついたぞ。ネズミはネコが嫌いだから、
ネコの声を真似して、脅かしてやろう。
ニャーゴ、ニャーゴ・・・。」

「きゃあー、ネコだ！ 逃げろー！」

17

▶ 右側をめくり、14 ページ目の右側を開く。

ネズミたちは、慌ててどこかに逃げて行きました。

18

▶ 左側をめくり、14 ページ目の左側を開く。

そのとたんに、穴の中は真っ暗になりました。欲ばりじいさんは、つづらを探しましたが、真っ暗で、どこにあるのか、さっぱりわかりません。

「うわあ、真っ暗じゃ。何も見えんぞ。誰かー！
助けてくれー！」

欲ばりじいさんは、あっちにうろうろ、こっちにうろうろしましたが、つづらを見つけるどころか、ついに穴から出ることはできませんでした。そのまま、土の中でもぐらになってしまったかもしれないですね。欲ばるのは、よくないですね。

- 69 -

★型紙集

B4サイズのスケッチブックに使用する場合は310%程度、またA4サイズのスケッチブックには250%程度を目安に、それぞれ拡大してください。なお、スケッチブックはメーカーによってサイズが多少異なる場合がございます。その場合は調整してください。

また、イラストには色がついていませんので、拡大したものに色をぬりましょう。

イラスト内の ------- は切り離し線になります。スケッチブックに貼った後に切り離します。

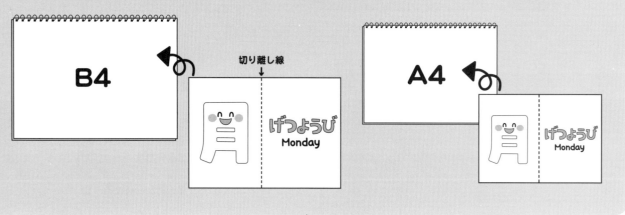

P.4 ▼ P.14　あらどこだ

● 1ページ目

● 3ページ目

● 2 ページ目

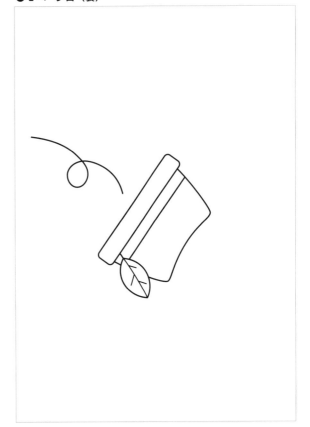

● 4 ページ目

● 5 ページ目

● 6 ページ目

● 7 ページ目

● 8 ページ目

● 7 ページ目（裏）・15 ページ目（裏）・23 ページ目（裏）

●9 ページ目

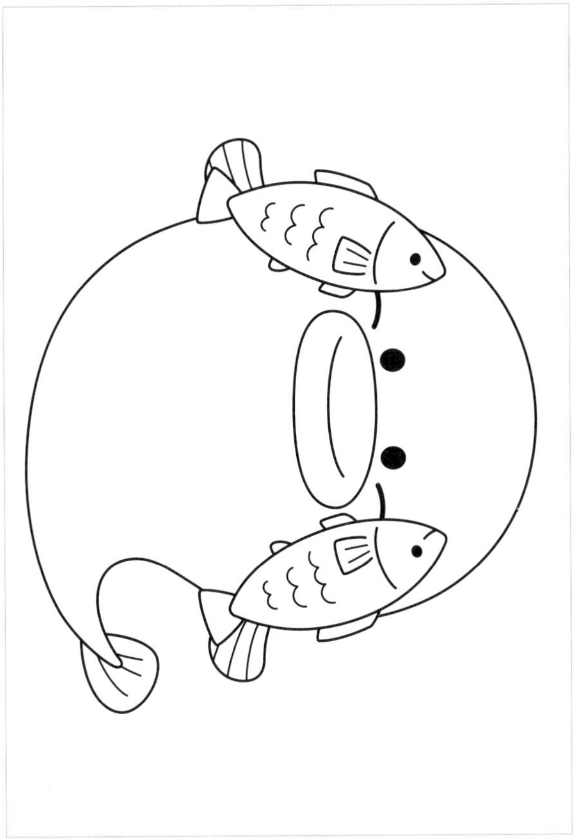

●11 ページ目

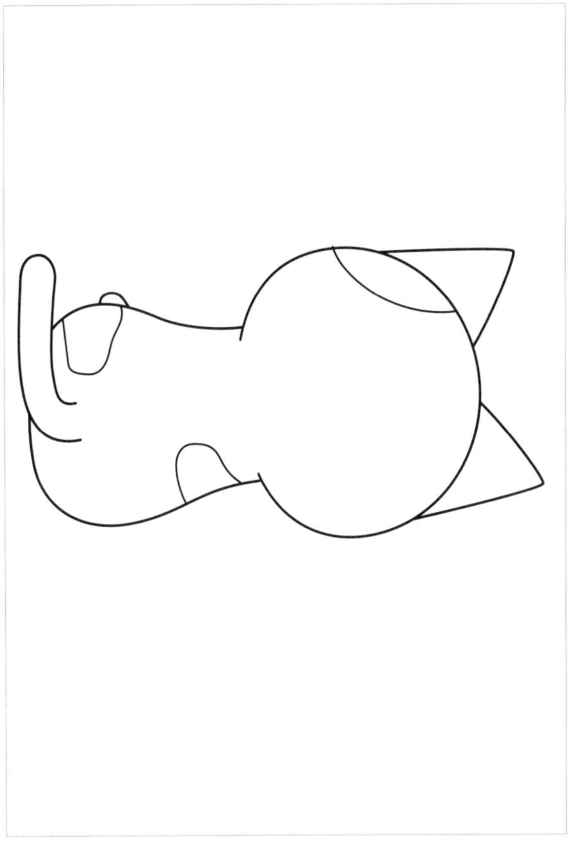

●10 ページ目

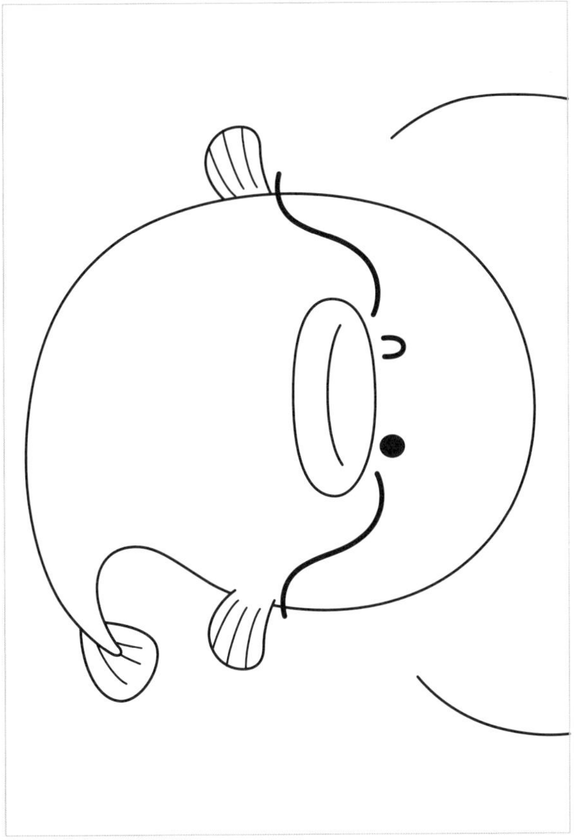

●9 ページ目（裏）

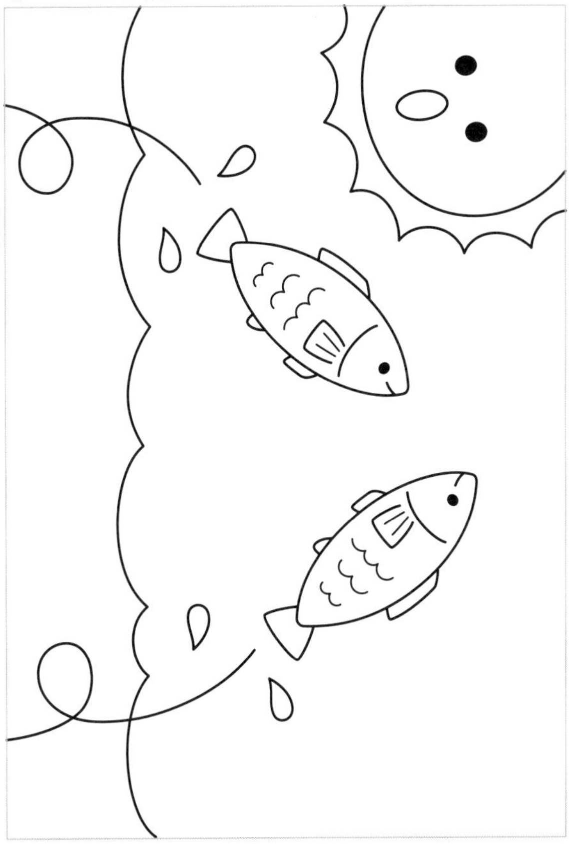

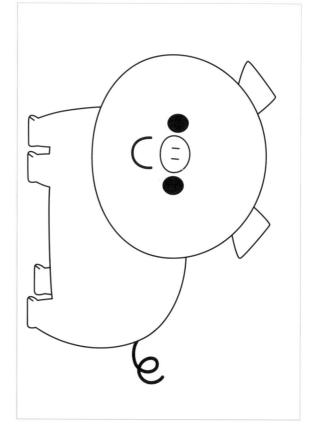

● 16 ページ目

● 17 ページ目

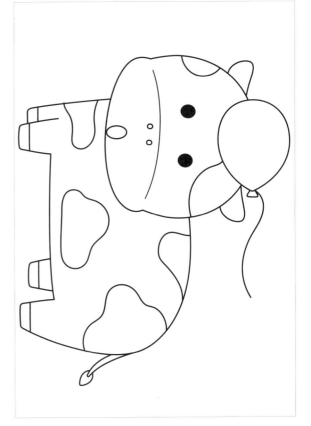

● 18 ページ目

● 17 ページ目（裏）

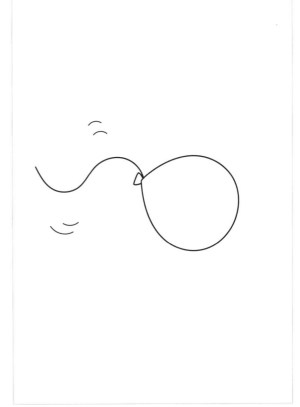

● 19 ページ目

● 21 ページ目

● 20 ページ目

● 19 ページ目（裏）

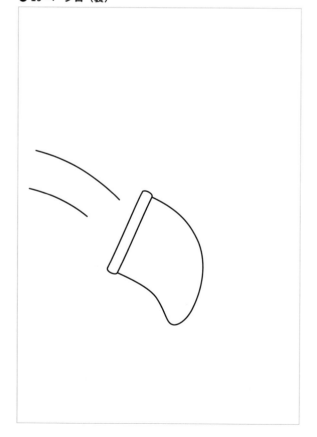

● 22 ページ目

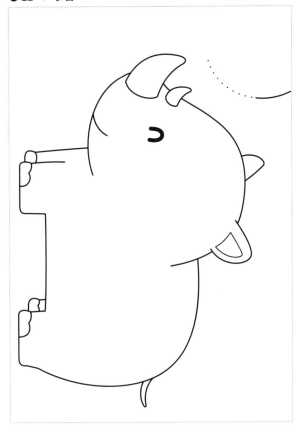

● 21 ページ目（裏）

● 23 ページ目

● 24 ページ目

● 1 ページ目

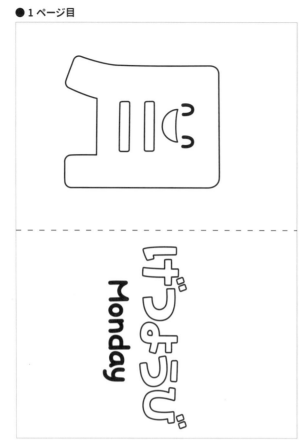

● 2 ページ目

● 3 ページ目

● 4 ページ目

すいようび
Wednesday

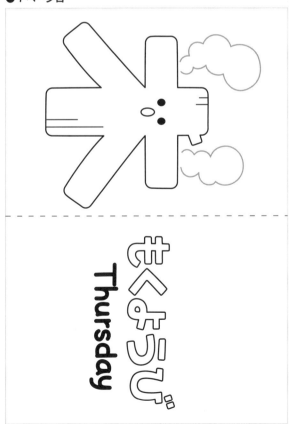

もくようび
Thursday

● 9 ページ目

きんようび
Friday

● 10 ページ目

● 11 ページ目

どようび
Saturday

● 12 ページ目

● 13 ページ目

● 14 ページ目

P.21 ▼ P.28

コンコンクシャンのうた

● 1 ページ目

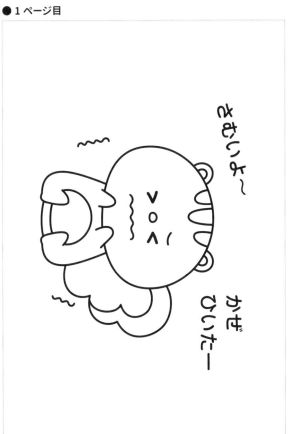

● 2 ページ目

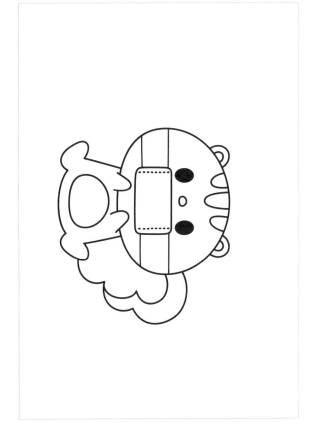

● 3 ページ目

● 2 ページ目（裏）

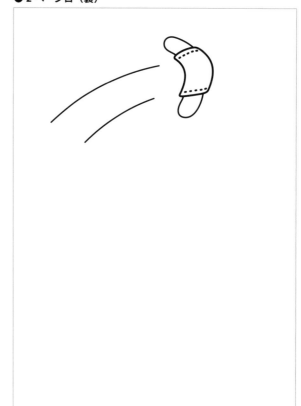

● 4 ページ目

● 5 ページ目

● 5 ページ目（裏）

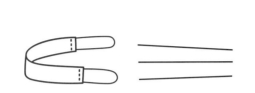

● 6 ページ目

● 7 ページ目

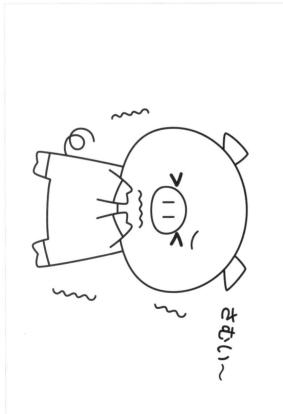

● 8 ページ目

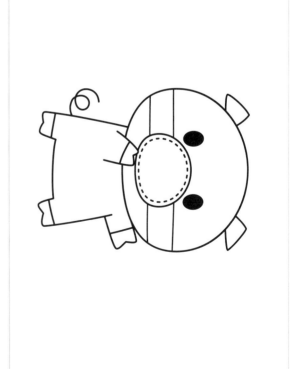

● 9 ページ目

● 8 ページ目（裏）

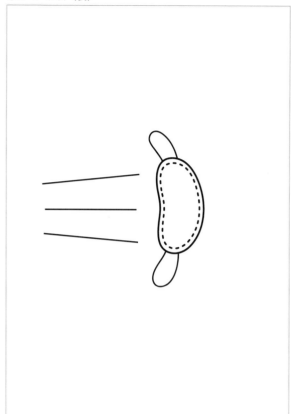

● 10 ページ目

● 11 ページ目

● 11 ページ目（裏）

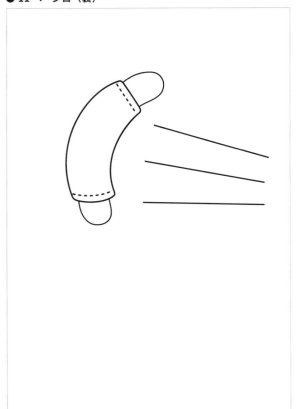

● 12 ページ目

● 13 ページ目

さむいよ〜

● 14 ページ目

● 14 ページ目 （裏）

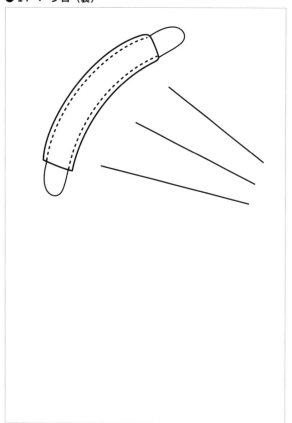

● 15 ページ目

P.29
▼
P.34
あめふりくまのこ

● 1 ページ目

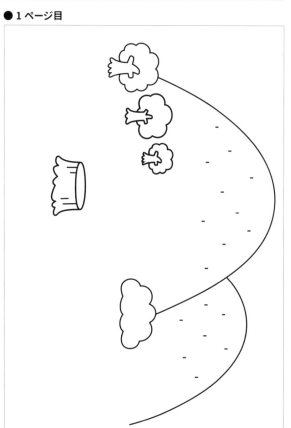

● 3 ページ目

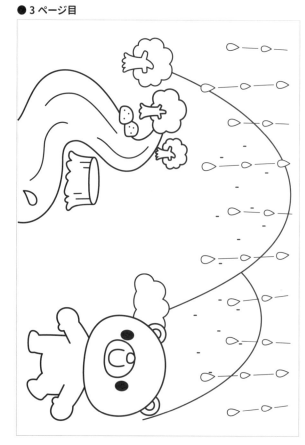

● 2ページ目

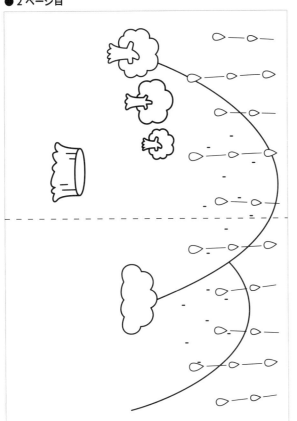

● 1ページ目（裏）

● 4・6ページ目

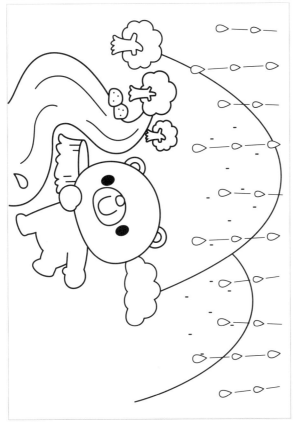

● 3ページ目（裏）・5ページ目（裏）

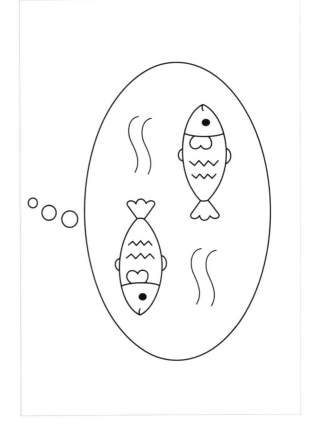

● 5 ページ目

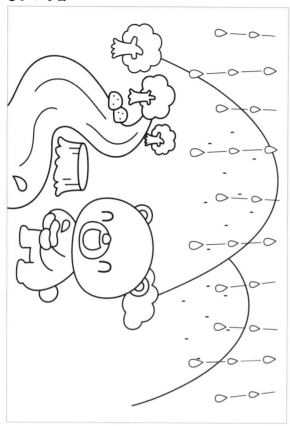

● 7 ページ目

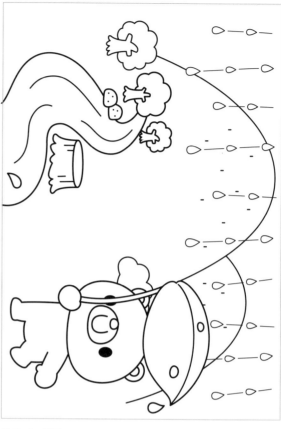

P.35 ▼ P.42

すうじのうた

● 1 ページ目

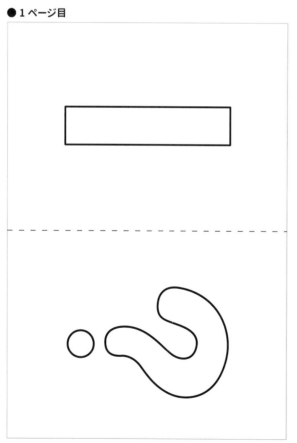

● 2 ページ目

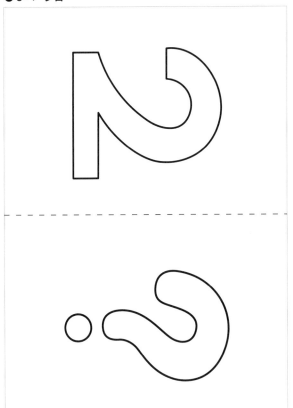

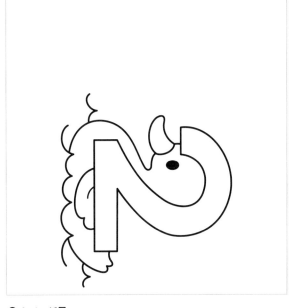

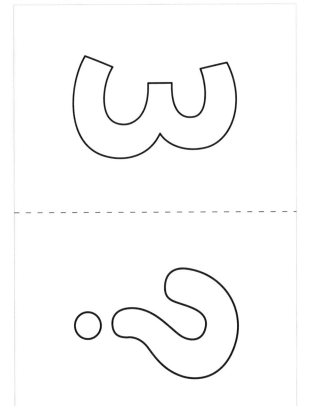

● 7 ページ目

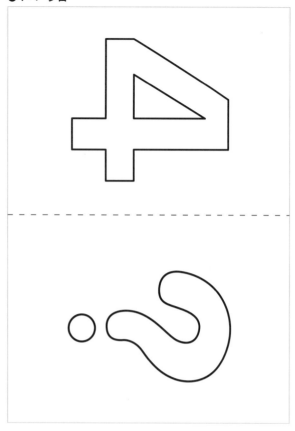

● 8 ページ目

● 9 ページ目

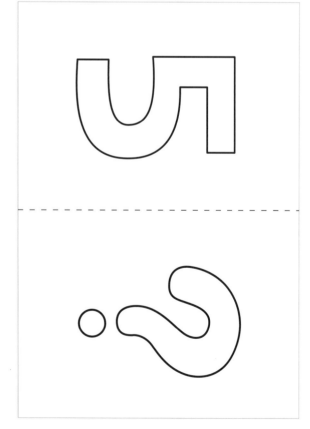

● 10 ページ目

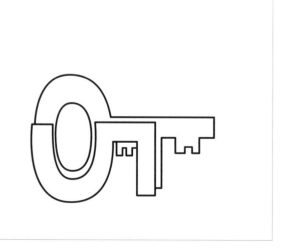

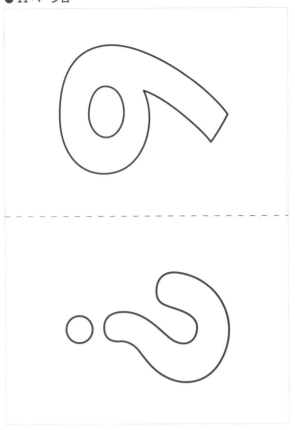

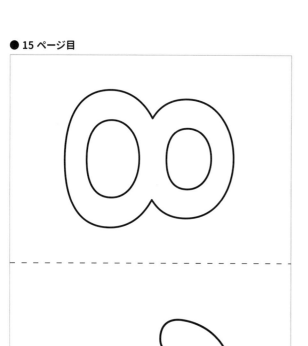

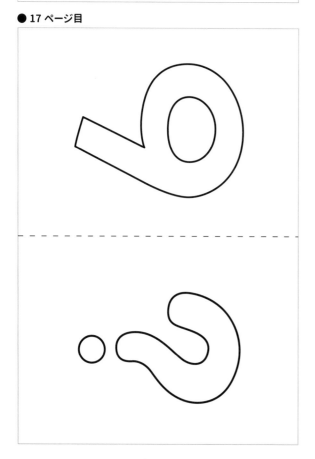

● 19 ページ目

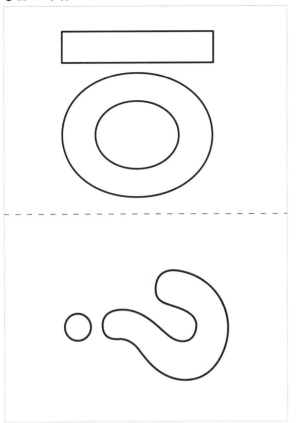

● 20 ページ目

P.43 ▼ P.48 てぶくろ

● 1 ページ目

● 2 ページ目

● 3 ページ目

● 4 ページ目

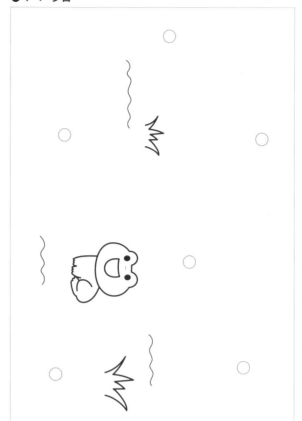

● 5 ページ目

● 6 ページ目

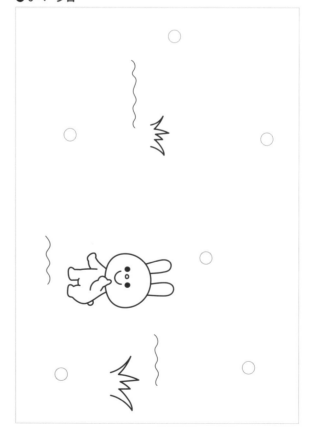

● 7 ページ目

● 8 ページ目

● 9 ページ目

● 10 ページ目

● 11 ページ目

● 12 ページ目

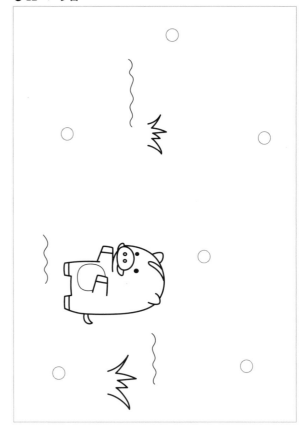

● 13 ページ目

● 14 ページ目

● 15 ページ目

● 16 ページ目

● 17 ページ目

● 1 ページ目
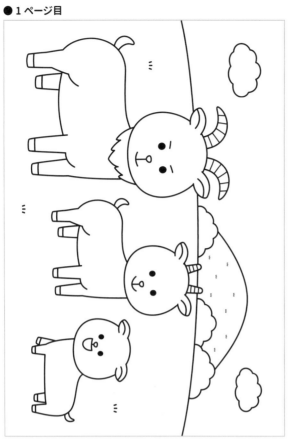

● 2 ページ目
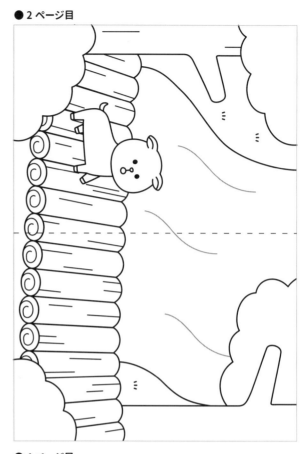

● 3・5・7 ページ目

● 4 ページ目
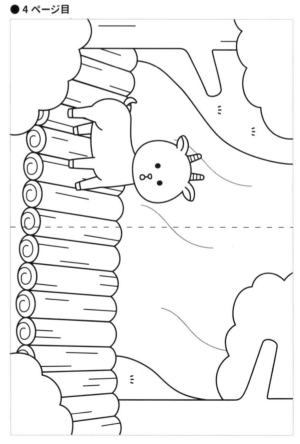

● 1 ページ目

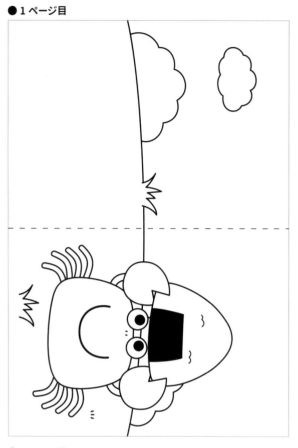

● 2 ページ目

● 3 ページ目

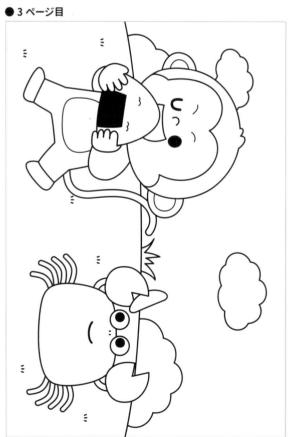

● 4 ページ目

● 5 ページ目

● 6 ページ目

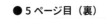

● 5 ページ目（裏）

● 7ページ目　　　　　　　　　　　● 6ページ目（裏）

● 8ページ目　　　　　　　　　　　● 7ページ目（裏）

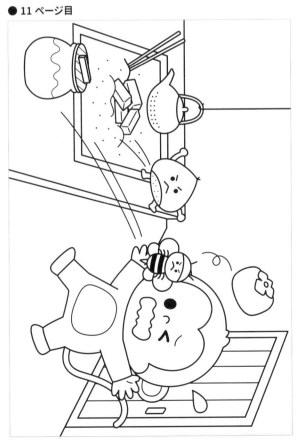

● 13 ページ目

P.59 ▼ P.63 ブレーメンの音楽隊

● 1 ページ目

● 2 ページ目

● 7 ページ目

● 8 ページ目

● 9 ページ目

● 8 ページ目（裏）

● 10 ページ目

● 12 ページ目

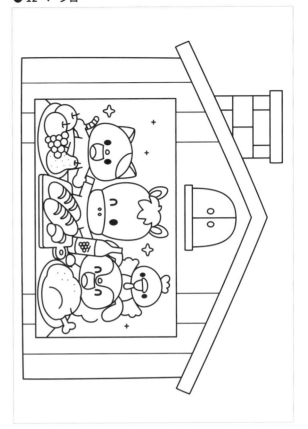

● 11 ページ目

● 10 ページ目（裏）

● 1 ページ目

● 2 ページ目

● 3 ページ目

● 4 ページ目

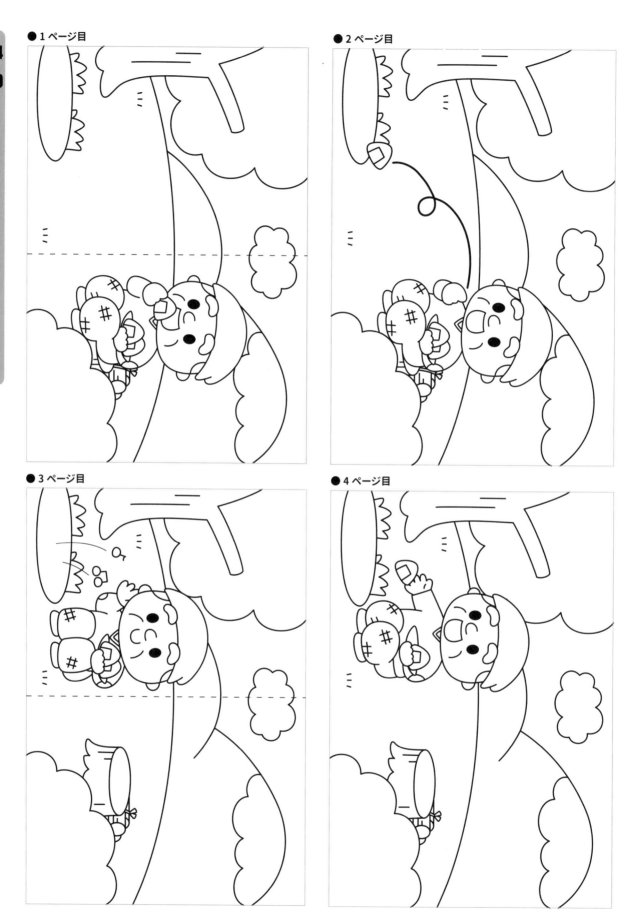

● 8 ページ目

● 9 ページ目

● 10 ページ目

● 12 ページ目

● 11 ページ目

● 13 ページ目

● 14 ページ目

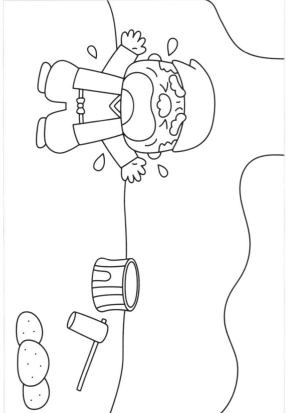

●編著者

井上 明美（いのうえ あけみ）

国立音楽大学教育音楽学科幼児教育専攻卒業。卒業後は、㈱ベネッセコーポレーション勤務。在籍中は、しまじろうのキャラクターでおなじみの『こどもちゃれんじ』の編集に創刊時より携わり、音楽コーナーを確立する。退職後は、音楽プロデューサー・編集者として、音楽ビデオ、CD、CDジャケット、書籍、月刊誌、教材など、さまざまな媒体の企画制作、編集に携わる。2000年に制作会社 アディインターナショナルを設立。主な業務は、教育・音楽・英語系の企画編集。同社代表取締役。http://www.ady.co.jp
同時に、アディミュージックスクールを主宰する。http://www.ady.co.jp/music-school
著書に、『かわいくたのしい カードシアター』、『話題作・名作で楽しむ劇あそび特選集』、『ヒット曲＆人気曲でかんたんリトミック』（いずれも自由現代社）、『心と脳を育む、親子のふれあい音楽あそびシリーズ』＜リズムあそび、音感あそび、音まね・声まねあそび、楽器づくり、音のゲームあそび＞（ヤマハミュージックエンタテインメント）他、多数。

●情報提供

小林由利子　安達直美　海老沢紀子　野村容子

●編集協力

アディインターナショナル／大門久美子

●表紙・本文イラスト

イシグロフミカ

短大の保育科を卒業後、幼稚園の先生として働きながらイラストを描き始め、現在フリーのイラストレーターとして活動中。保育・教育関連の雑誌や書籍などで、明るくかわいいタッチのイラストを描く。また、こどもが喜ぶ工作も手がける。
著書に「かわいい保育グッズのつくりかた」（自由現代社）、「1、2、3 ですぐかわイラスト」（学研）、「親子でいっしょに季節の手作りあそび」（日東書院）、「親子でつくるプラバン小物」（講談社）、「かわいい！保育のイラストおたすけブック」をはじめとする「保育のおたすけシリーズ」（玄光社）などがある。
https://nowanowan.com　　（Instagram）https://www.instagram.com/funyani/

歌と名作で楽しむ スケッチブックでシアターあそび ＿＿＿＿＿＿＿＿ 定価（本体 1500 円＋税）

編著者————井上明美（いのうえあけみ）
イラスト————イシグロフミカ
表紙デザイン——オングラフィクス
発行日————2023年8月30日　第1刷発行
　　　　　　　2024年2月28日　第2刷発行
編集人————真崎利夫
発行人————竹村欣治
発売元————株式会社自由現代社
　　　　　　〒171-0033　東京都豊島区高田 3-10-10-5F
　　　　　　TEL03-5291-6221/FAX03-5291-2886
　　　　　　振替口座 00110-5-45925
ホームページ——http://www.j-gendai.co.jp

JASRACの承諾に依り許諾証紙張付免除	JASRAC　出 2304652-402 （許諾番号の対象は、当該出版物中、当協会が許諾することのできる出版物に限られます。）

ISBN978-4-7982-2628-6

●本書で使用した楽曲は、内容・主旨に合わせたアレンジによって、原曲と異なる又は省略されている箇所がある場合がございます。予めご了承ください。
●無断転載、複製は固くお断りします。●万一、乱丁・落丁の際はお取り替え致します。